삶의 무늬를 그리다

빛남시선 164

삶의 무늬를 그리다

최 경 화 제8시집

빛남출판사

• 시인의 말

어느덧 여덟 번째 시집을 발간합니다

이 시집은 대부분 관음사를 품고 살아온

생생한 세월의 무게를 풀어 놓은 글입니다

절 생활 41년

목숨 걸고 청춘을 바친 울림입니다

아픔의 씨앗들이 크게 자라고

거친 파도 속에서 건져 올린 사연

한 사람의 일생을 후기에도 실었습니다

곱게 봐 주시고 읽어 주시면 감사하겠습니다

2025년 8월

최 경 화

시인의 말 • 5

1부

사무침의 미학 • 13

인생길 • 14

영혼의 울림 • 15

본얼굴은 어디로 1 • 16

본얼굴은 어디로 2 • 17

본얼굴은 어디에 3 • 18

본얼굴은 어디로 4 • 19

침묵의 굴레 • 20

그늘진 삶 • 21

월영교에서 • 22

생각에 잠기다 • 23

작별 • 24

2부

관음사의 나날 1 • 27

관음사의 나날 2 • 28

관음사의 나날 3 • 29

관음사의 나날 4 • 30

관음사의 나날 5 • 32

관음사의 나날 6 • 33

관음사의 나날 7 · 34
관음사의 나날 8 · 35
관음사의 나날 9 · 36
관음사의 나날 10 · 37
관음사의 나날 11 · 38

3부

일상 속의 관음사 1 · 41
일상 속의 관음사 2 · 42
일상 속의 관음사 3 · 43
일상 속의 관음사 4 · 44
일상 속의 관음사 5 · 46
일상 속의 관음사 6 · 47
일상 속의 관음사 7 · 48
손이 하는 일 1 · 49
손이 하는 일 2 · 50
손이 하는 일 3 · 51
관음사의 연못 1 · 52
관음사의 연못 2 · 53
관음사의 연못 3 · 54

4부

영롱한 눈빛 1 · 57
영롱한 눈빛 2 · 58
영롱한 눈빛 3 · 59
영롱한 눈빛 4 · 60
영롱한 눈빛 5 · 61
영롱한 눈빛 6 · 62
영롱한 눈빛 7 · 63
영롱한 눈빛 8 · 64
영롱한 눈빛 9 · 65
영롱한 눈빛 10 · 66
영롱한 눈빛 11 · 67
영롱한 눈빛 12 · 68
영롱한 눈빛 13 · 70

5부

갈망 1 · 73
갈망 2 · 74
갈망 3 · 75
갈망 4 · 76
갈망 5 · 77
바람 1 · 78

바람2 • 79
민들레 한 송이 • 80
업장소멸 기원하며 1 • 81
업장소멸 기원하며 2 • 82
차를 마시며 • 83
그냥 농원 • 84
해반천과 구지봉 • 85
하산 길 • 86
유월의 비 1 • 87
유월의 비 2 • 88
밀양 8경 • 89
악보 / 밀양 8경 • 92

후기 ·········· **관음사에서 걸어온 길**

산중에 새긴 불심의 터 • 97
불도저처럼, 나는 절을 지켰다 • 101
이제는 부처님께 돌려드립니다 • 108

화보 ··········

화보 / 관음사의 역사를 돌아보며 • 116

1부

사무침의 미학

삶이란
인생의 벽이
두꺼울수록 휘청거린다
가끔은 소원한 바를 얻을 때
어느 순간은 행복하지만
오래가지 못 한다
모든 것은 덧없는 것이기에
근본적인 자세로
자연에 따라 굽이진 길
바르게 다듬고
본질을 가꾸어 나간다
본래 타고난 끼도 영혼이 없다면
아무것도 할 수 없듯이
깊이에 따라
좌우되는 미학의 길
무지에서 벗어나는 것이
인생이고 문학이고 예술이다

인생길

망망대해를 보면
밀물 조수로 서서히
밀려드는 포구

더럽혀진 잔해는
감쪽같이 숨겨지고
한 치의 포말도 없이
잔잔한 물결
풍광에 도취된 바다의 전경

반나절도 넘기지 못하고
썰물로 빠져나가는 변덕스러움
한결같지 않은 변화

사람도 물때처럼
시시각각 바뀌는 것이 삶일까
바다를 닮아
거센 파도에 부서지는 인생길

영혼의 울림

강을 휩쓸고 온 물보라로
마음속 내면 뚫고

흐름에 묻힌
깊은 곳 어디쯤
떠도는 유령처럼
여유를 찾지 못하네

눈감고 귀 기울이면
안과 밖의 경계에서
단지 소리가 아닌
울림으로

혼탁한 영혼의 굴레를 벗어나
참선의 기도로
비로소 무형의 실체를 찾는다

본얼굴은 어디로 1

자신을 몰라보는 일이
있을까
인생 여정에
평온함만 있을까마는

살아갈수록 지쳐서
동아줄 잡으려
비비적거린 세월
모진 길 예까지 걸어 왔네

눈가에 그어진 줄기로
본얼굴도 모르게 하지만
내 것의 소중함을 기억하며
자신을 찾아가야지

본얼굴은 어디로 2

빗금처럼 그은 줄이
얼기설기 길을 내어
누워 있다

소스라쳐 보니
거울에 나타난 젊음
어느 순간에 가고

남아 있는 건
무엇이 무엇인지
알 수 없는 허무

얼룩진 잔해로
함께 걸어갈
삶이지만

언젠가는 사라질 텐데
그렇게
애통할 일이던가

본얼굴은 어디에 3

잃어버린 기억 속
희미한 그림자처럼
떠다니네

흐름 속에 변한 모습
거울 속에 비친
옛날의 나와 오늘의 나

마음 깊은 곳에
다가설 것 같은
환상 그리며

어디서 찾으려고
헤매고 있는지
부질없음을 알면서도

본얼굴은 어디로 4

잊고 살다 불현듯
눈여겨보면

젊을 때 촉촉하고 윤기 있던
고운 모습 어디 가고

서리 맞은 길바닥처럼
초라하게 변한 몰골
멈추지 못할 세상살이

삶을 다듬질하며
겪어야 할 일 다 겪은
황혼길

늙음도 소중히 아끼며
사라져 갈 길을 따라
지향 없이 가리다

침묵의 굴레

고요한 산속에
침묵은 무겁게 가라앉고

햇살은 부드럽게 스며들지만
공기는 정적을 깨우지 못하네

창밖의 바람은
세상 소음 일게 하고

생각의 조각들이
번뇌로 얽히며

가슴속 여백은 미끄러져
잠시 멈춘 시간

흐름은 무엇을 뜻하며
어디로 가는가

그늘진 삶

삶의 그늘이 짙어질수록
어리석음도 크고
어리석음이 클수록
실체가 아닌 꿈을
쫓아다닌다
사는 것은 끊임없이
자기를 들여다봐야
되는 것인데
딴 곳을 바라다보는 것은
속 뚫린 허탈이다
사람은 많으나 사람이 없어
살아갈수록 신앙의 힘이
더욱 간절하다

월영교에서

아득한 물소리
뛰어들어 포근하게 안기고 싶다
수면 위로 피어오르는 아지랑이처럼
둥둥 뜨고 싶은 마음

낯설은 월영교에서 솟는
뜨거운 가슴
어디론가 휩쓸려
떠도는 집시 같은 저물녘

햇살도 삼켜버린 빛 찾아
헤매는 영혼
덧없는 시간에 기대어 물안개에 젖다

생각에 잠기다

강의 폭도 넓은 물길 위에
물안개만 있는 것은 아니다
비를 머금은 바람을 등지고
날아오르는 새들의 날갯짓

언뜻 보기엔 한가롭지만
먹이를 찾는
사투의 곡절이 있다
실낱 같은 생명줄 이어가기 위해
거친 심장이 뛰도록

들숨과 날숨의
고달픈 여정
인생과 닮아 있는 것은 아닐까

작별

휘뿌옇게 일렁이는 강변
너울 속에 감춰진 일

아무도 모른다
물안개 속
묻어 둔 비밀 하나둘

돌아서는데

느린 발걸음 같은 물안개
수면 위로 미끄러져

작별을 아는지
따라나설 것 같은 움직임…

2부

관음사의 나날 1

머언 기억 속
팔십삼 년 봄날에 발 머문 관음사
조계종 통도사에 기증하고
사십일 년 생활
마무리로 이젠 자유의 몸

세월 뒤돌아보면
전기도 들어오지 않았던 시절
저녁나절 산 그림자 드리우면
오월의 훈기에도 가슴 시리고

찾아오는 어두움의 공포는
이유 없이 외딴곳에서만 느끼는
골짜기 산 자체가 무서움이었다

관음사의 나날 2

봄이 가고 여름철 무렵
깊은 산중 해가 지고 나면
어둠은 발밑부터 올라온다

나무 그림자들은 손을 뻗는 듯
으스스한 침묵이 감도는 곳
한밤중 집 뒤편에서
돌 굴러내리는 소리로
숨막히는 무서움

놀란 가슴 뛰게 하여
날 밝은 아침 매번 가서
살펴보아도
흔적 없어
밤마다 굴러내려도 무관심할 때쯤
돌 소리는 어디론가 사라졌다

관음사의 나날 3

날마다 칠흑 같은 어둠에 휩싸여
분별하기 어려웠던 밤
문살 창호지 한 장 사이로
숟가락 문고리 걸어 놓고
밖의 동정 방안에서 꿰뚫어 보는
두뇌가 발달하였다

바람 소리
댓잎 바스락거리는 소리
고양이들이 지나가는 소리
쥐들의 행진
나뭇가지 부러지는 소리
회오리바람 소리
비 오는 날 마당 흙에서 쫀득쫀득
소리나는 것까지 감지된 예민함

밤 지새울 때마다 바깥 사물에 신경 곤두서서
잠 못 자고 설치던 삼십 대
어디 가고 순식간에
사십일 년 세월 흘러 청춘도 가고 없네

관음사의 나날 4

땅거미 내려앉아
절 도량은 암흑 속에 묻히고
기와집 요사채 높은 대청마루
별빛도 숨죽이는 깊은 밤

고요 속에 맴돌며 형체 없는
귀신이 오는 걸까
무거운 쌀 한 말 마루에 놓는 울림
텅 하는 소리에 선잠 깨어 문을 박차고 열면

그림자도 없는 어둠 속
누군가 있어야 하는데,
소름 돋아 오금 펴지 못한 나날
절간에서는 새벽 예불이 생명

죽어도 된다는 독한 마음 빼먹지 않고
새벽이면 도량 전체를 한 바퀴 돌 때
어떤 것도 오너라

목탁이 강한 무기로 일어섰다

이길 자신이 있었다

관음사의 나날 5

찻길 없는 오지 산골
도깨비 귀신 짐승들만
우글거리는

인가라고는 찾아볼 수 없이 후미져
동그마니 절만 있던 곳으로
살아남기 힘들어 몸부림쳤네

나갈 길은 막히고
밤마다 으스스한 무서움
불안은 날이 갈수록 심해져

견딜 수 없는 악조건
타파하기 위해 죽음을 담보했더니
그들도 손들고
떨어져 나가 있었다

관음사의 나날 6

수십 년 전 그 시절

배고픈 사람
걸인이 많았다

해거름이면 깊은 산속에
밥 한술 달라고 찾아온 남자

몇천 원 돈으로 읍에 나가 사 먹어라
건네주면 돌아가지만

그날 밤 찾아올까 봐
귀신보다 더한 무서움에

잠들지 못하고 꼬박 뜬눈으로
오들오들 떨어야 했던 일 몇 번이던가

관음사의 나날 7

나무숲 하나 없이 휑하게
바람막이 없던 산골짜기

브랜다 태풍으로 법당 지붕
날아가고

시베리아 돌바람보다 강한 폭우
갈가리 찢긴 처참함

임시방편 슬레이트 지붕으로
완공한 것이 절 모습이던가

오막살이 절간에서 혼신의 기도로
지켜낸 강한 인내가 있었다

관음사의 나날 8

진작부터 허물어져 가던
기와지붕 요사채였다

잦은 비와 강풍으로 견디지 못해
어느 날 지붕이 내려앉아
태풍 맞은 법당보다 더욱 처참했다

주변은 열악하고 길도 변변치 않아
다시 슬레이트로 짓고 보니
절 풍경 아닌 모양새는 초라하기 그지없다

법당도 요사채도 눈물 흘렸던
그 힘든 고비 어떻게 극복했을까

관음사의 나날 9

삭아 문드러진 요사채
태풍에 내려앉은 법당

풍비박산되어 슬레이트로
이은 집이 황폐하여

승용차로 편백나무 어린 모종
한 차 운반하여 돌아가며

울타리 쳐서 심어 놓은
운치도 세월 가니 절 앞을 가리고

간격이 좁아 그 많은 나무
오랜 기간 피땀으로 옮긴 작업

아무도 모르게
나만 아는 두 손이 있었다

관음사의 나날 10

아슴한 세월 그 너머 염동마을은
나무로 밥을 짓고
군불로 방을 데웠기에
구천산 길은 나무꾼으로
반들반들 미끄럼터였다

가까운 산은 뒤로하고
먼 산 고개 넘어
소나무 가지 쳐서 널브러지게 헤쳐 놓고
햇살에 꾸덕꾸덕 마르면
새끼줄로 한 다발 묶어
큰 바위에 올려 머리만 밀어 넣으면
이고 올 수 있었다

단숨에 절까지 당도하면
목이 빠지는 고통에
주저앉은 적 수십 번
불과 사십 년 전 일이지만
세상 변한 것 보면
전설 같은 이야기로 믿지 못할 일이 되었다

관음사의 나날 11

오랜 세월
돌고 돌아도
언제나 관음사는 초라하고

비좁은 남의 땅으로
신축도 되지 않아
절에 붙어 있는 땅

세 필지 사들이는
십 년 세월
기도로 애태운 열정

정강이뼈
소리 나도록 달리고
한시도 가만히 있지 않았던 노력

기필코 땅을 확보했기에
새 건축 희망을
꿈꾸게 되었다

3부

일상 속의 관음사 1

아득해서 가물가물한 시절
두문불출로 적막강산일 때
산짐승들이 절간을 찾아든다
산토끼 산꿩 사슴 고라니 다람쥐
두꺼비도 한몫을 한다

산토끼는 호기심 많은 눈망울
다람쥐는 부엌을 기웃거리고
산꿩은 나를 보고 놀라
바쁘면 살찐 엉덩이가 처져 뒤뚱뒤뚱
급한 것은 알겠는데 걸음이 제자리다
경계심이 많은 산꿩
소리 없는 소란스러움 산골 생기가 돈다

그 속에 느끼는 산속의 풍요
작은 동물원도 되지만
가끔씩 찾아오기에
날마다 기다려지는 반가운 손님이었다

일상 속의 관음사 2

찬란한 햇살이
완연한 봄을 불러
눈부시게 빛나는 풀밭에
꿈틀거리는 긴 몸

땅으로 미끄러지듯
지나가려다 마주치면
잽싸게 풀숲으로 몸을 피한다

모습이 징그러워 소름 끼치지만
보통 뱀들은 사람을 전혀
해치지 않고 숨어 버리는 온순함

산골 살이에 이골 난
너와 나의 만남
조용한 숲속의 주인은 너다

일상 속의 관음사 3

대밭 속에 사노라면
방안까지 들어오는
긴 몸통에 수많은 다리로

어둠 속에 이불 안도 모르고
기어들어오다 살결에 부딪혀
물어 버리는 지네

잠결에 놀라 이불 털면
동작 빨라 어디로 갔는지
찾을 수 없고

잠은 멀리 도망가고
두려움의 경계에서
날밤 보낸 세월 몇 번이던가

밤마다 전쟁 아닌 전쟁으로
씨름하며 살아온
산사의 삶이여

일상 속의 관음사 4

한여름이면 어김없이 찾아오는 독사
우물가에 몸을 틀어 감고
머리는 꼿꼿이 세우고 혀를 날름거리며
한번 붙어 보자는 기세다

얼마나 영리한지 때도 알고
자리도 바꾸지 않고 쏘아보는
날카로운 눈빛

일은 산더미지만 하지 못해 떨다가
동네 독사 잡는 할머니 모셔와
독한 것을 잡았다

목은 떨어졌지만 몸은 살아서 펄펄 뛰고
빠르게 죽지 않으니 몸서리쳐져
안절부절 다리가 떨렸다

삼각형 얼굴에 검은빛이 도는 몸

크기는 보통 뱀보다 작은 몸으로

결국 독한 것의 종말은 죽음뿐이다

일상 속의 관음사 5

가슴 부푼 나들이로
방문을 열자 작은 날개로
날아든 독침

날카로운 순간의 찌름
피부를 자극하고
숨이 멈춘 듯한 통증

정신 차려 보니
쬐그만 생명
어찌 그리 강한가

손 한 마디보다 작은
존재의 힘 그 위력 잊지 않으리
벌에 쏘인 날

일상 속의 관음사 6

봄부터 가을까지 이어지는 잡풀더미
순식간에 웃자라서
곁의 나무를 감아 오른다
실같이 가느다란 줄기에서
칡나무 줄기만 한 굵기도 있다

주위에 있는 잡목
옭아매인 채 숨도 쉬지 못하고
시름시름 메말라 간다

하잘 것 없는 풀과 나무도 그런데
악연에 따라
사람과 다르지 않는 이치를
꿰뚫어 보는 산골의 삶
깊이는 어떤 경계에 미치게 될까

일상 속의 관음사 7

굽이굽이 삶의 고갯길
수십 년 동안 얻은 노동의 댓가로
청춘의 푸름도 퇴색되고

밤이 되면 어깻죽지 뼈마디
발목 뼈마디 손목 뼈마디
통증으로 검사받아 보니

뼈가 닳아 센 일은 할 수 없어
황혼에 기대어 서녘 하늘 바라보며
지난 세월 고뇌를 절감한다

뼈까지 닳아진 흔적 고된 여정
무게에 억눌려
절 살림 포기를 생각하는 마음
오랫동안 날밤을 지새웠다

손이 하는 일 1

손이 움직이지 않으면
정지되는 하루
나무를 하는 것도
군불 때는 것도 손이다

묵은 덤불 속에서 수없이
찔린 손
일 더디게 하지만
노을 물들 때

저녁 예불로 위로받는
순간이 있어
무의미로 돌아가는
바람개비는 아니다

손이 하는 일 2

비일비재
가시에 찔린 손마디
끓인 간장에 지진다
임시방편 효력이 있다

생손 앓듯이 누렇게
부어오른 상처도
쑥뜸으로 다스려 보면

진통이 가라앉으며
진정 되는 것도 산골에서
터득한 일이다

밤이면 욱신거리는 손마디
풍경소리 음률로 힘들게
달래보는 밤이다

손이 하는 일 3

하얗게 부드럽던 손
솥뚜껑마냥 투박하고
틀에 박힌 작업

오랜 노동으로
열 손가락의 훈장
무딘 세월만큼 쌓인 주름

절 경내를 보면 알 수 있다
한순간도 놓치지 않았던
무량공덕을 손이 해낸 것이다

관음사의 연못 1

구천산 관음사는 산물이 많은 곳
요사채 신축으로 물길 돌려 봐도
한계가 있어 자연스레
연못이 만들어졌다

연못 속에 물고기 쉴 곳
항아리를 묻었으며
자연식 돌을 깔고 수초나무를 심어
연못 속은 무릉도원

어른 아이 할 것 없이
연못 물고기 놀이는
시간 가는 줄 모른다

마음 쉴 곳이 연못 속으로
틈만 나면 서성이던 곳
수십 년 편한 안식처
어느 날 사라진 허한 마음
잊을 수 없는 물고기 세상
그리움을 자아낸다

관음사의 연못 2

달이 뜨면 사방은 고요한데
하늘에 걸린 달 물속에 잠긴 달
두 개의 달이 마주 보며
서로에게 속삭이는 밤

언제 보아도 싫증 나지 않는
연못 속
달빛에 마음 빼앗기고
눈에 들어오는 물그림자

도취되어 시간 가는 줄
모르는 야밤
잠들지 못하고 오묘한 형상에 끄달려
생각에 빠져드는 관음사의 연못

관음사의 연못 3

달빛에 부서지는 물의 반사로
주변의 자연은
서로가 멋을 부리고 있다

연못가 작은 풀꽃들도
제 빛깔에 취해서 물속에
잠긴 달을 바라보며
은은한 빛을 띠우네

세상 시름 모두 잊고
마음까지 맑아지는
연못 속 거울
하늘의 달도 그 안에
살포시 내려앉는다

4부

영롱한 눈빛 1

헤어짐이 당겨질 줄 모르고
눈빛 떠는 줄 알면서
일에 열중할 수밖에 없었던 나날
때로는 불안했을 방울이

병원을 다녀와도
잿불처럼 사그라져 가는 목숨줄
16년 인연도 저버리고 떠나려 하네

혼미한 상태로 등가죽만 붙은
몸체에 배설물
밤새우며 닦아 보는 속마음을 아는지
잠은 어둠을 밀어내지만
정신은 온전하질 못했고
하직하는 길 동행하고 싶었던
새벽녘은 철없이 밝아오고 있었다

영롱한 눈빛 2

미세하게 호흡 남아 있어
밤새도록 펌프질했지만
잡을 수 없이 놓치고 만 숨결

쬐그만 몸속에 이물질
새벽까지 흘러내리니
잘라내는 목숨이
이렇게 힘든 줄 몰랐다

굳어지는 근육
가벼운 털
조심스레 쓰다듬은 손 떨림

마음 구멍 커져 가고
아픔은 줄곧
진행형이었다

영롱한 눈빛 3

눈동자 신비롭더니
눈감지 못하고
먼 길 떠난 너
지난밤 초저녁부터 뇌성 치며
내린 비 자정에 그쳤기에
방울이도 조용히 갈 수 있었다

첫새벽 자리 찾으러
산길 나섰는데 대밭 지나
풀숲 우거진 길 없는 길 만들며
헤쳐나가다
찔레 가시에 박혀 피도 나고

빗물 마르지 않고 숲이 물고 있어
흠뻑 젖은 옷에 헤매다 찾은 자리
정하고 돌아서는데
꺼져 가는 측은지심
눈물이 앞서가고 있었다

영롱한 눈빛 4

눈물로 영이별 대신하는가
화장한 유골
두 손에 받쳐서 아침에 자리잡은
산골로 간다

먼지처럼 가벼운 것이
두 주먹 안에서 천년 쌓은
운명처럼 짓눌려
행복하지 못했던 축생이여

인연에 의해 생겨나서
인연에 의해 사라지는
16년 삶

다른 세상에서 편히 쉬다
인도 환생하여
혈관을 두드려 다시 숨 쉬는 기적
보고 싶은 절절함
기도로 초석을 다진다

영롱한 눈빛 5

방울 떠난 이레 만에
비가 내리네

땅속까지 파고드는 빗물에
젖어 있을 텐데

머지않아 거름이 될 뼛가루
삭아서 흔적 사위어가면

넋은 언제쯤
빛나는 별이 될까

엄청난 이야기를 남기고
뒷걸음질치던 격정의 몸짓

언제 잊을지 모르는
막막함이 내 언저리에 돌고 있다

영롱한 눈빛 6

유월 하늘 회색빛으로
꿈틀리며
비가 내린다

너가 떠난 뒤
더욱 잦아지는 비
습한 곳에서 한 움큼의 분골

흙으로 가는 길 늦어질까
까맣게 타는 속
멍울 안고

어쩌면
저 모퉁이에서
뒤돌아볼까 봐

두발 치켜들고
기다리며
서 있는 비 오는 날

영롱한 눈빛 7

방울이 먹잇감 잔뜩 남아
식탁을 지키네
먹는 것에 목숨 걸던 식성
온데간데없이 사라지고

한 줌 흙이 된 빈자리
그렇게 떠날 줄 알았으면
남기지 말고
다 줄 것을

체한 듯 목에 걸려
힘없이 주저앉아
보고픔 차올라
너 있는 곳으로 흘러내린
짠 눈물 보낸다

영롱한 눈빛 8

먹성 좋은 너를 생각할 때마다
수북하게 남은 사료를
만지작거린다

멀고도 가까운 숲속 뚫고
잘 먹던 물과 먹잇감 들고
찾아가는 발길

눈빛은 볼 수 있을까
걷고 또 걸어 당도한 자리
방울아 내가 왔다
꼬리치고 나와야 되는데

흔적 없는 빈터에서
이 허망함 어떻게 견딜까
헤어짐의 끝은 잔인한 눈물바람인가

영롱한 눈빛 9

부모 자식도 아닌
가장 오래 살아온 인연
떠난 자리
밑바닥까지 흔들릴 줄 몰랐네

한마디 음성 듣지 못함인가
한 상에 밥 먹지 못함인가
되돌아올 수 없는 길

숨결이라도 들릴까
일렁이는 바람이
발자국 소리런가
눈만 뜨면 방울 생각

자연 이치 깨달아
고통 불씨 꺼버리고
마음 접으라고 누군가 속삭인다

영롱한 눈빛 10

칠월 장마 가슴 쥐어짜며
비가 치덕거린다
손 뻗으면 닿을 듯
시선도 생각도 너 있는 곳에
머무는 나날

한 움큼도 되지 않은 것이
마음과 영혼까지 울리는 거대함
어디서 오는 것일까

잦아드는 애잔함도
한낱 티끌이고
못견디게 갈구하는 것도 시간이
묘약이라 믿으며 오늘을 견딘다

영롱한 눈빛 11

아침나절
일곱 번째 방울 묻힌 곳에 간다
인기척 없고 아는 척 하지도 않으나
분골이 흙 되기엔 이른 시기라
땅속에서 안주하다 사람 몸 받길
지성으로 기도하는 염원

너를 향하여 까맣게 탄 불길
잠재우고 눈물로 흔들리는 마음
다잡아서 잊혀져 모른척하게
거두어 주면 안되겠니
단단한 마음으로 애원하지만
아는지 모르는지 구름 밀어내는
바람만이 알 수 있을까

영롱한 눈빛 12

지나간 16년 편히 산 것은 아니다
우여곡절 희노애락 다 겪었다
너는 언제나 먹이에 집착하다 보니
입에 맞는 것이면 말려 봐도 소용없다

씹지도 않고 허겁지겁 집어먹은 것이
다음날이면 영락없이 소화되지 않은
덩어리를 토하고 죽음 직전까지 간다

그 모습
볼 때마다 놀라고 겁에 질려
병원 신세 진 것이 한두 번인가

때로는 링겔 맞고 입원도 하고
그럴 때마다 저세상 가면 좋지 않을까
생각도 하지만 꼼짝없이 지켜보며
간호한 적도 많았지

지겨워해도 끝내는 가는 것을
불쌍하고 미안해서 더욱 그리워지는
방울은 지금 어디로 갔나

영롱한 눈빛 13

오랜 세월
함께 했으니
여한이 없어야 하는데
맺힌 정은 언제 사그라질까

간혹 대소변 못 가려서
화가 나 있으면 기가 죽어
안절부절 눈치 보며 설설 기던 것이
화가 풀어진다 싶으면 어느새 다가와
애교 떨던 귀여움

올해 들어 기력이 떨어져
자는 잠에 이 세상 하직하라고
귓속 대고, 방울아 살 만큼 살았으니
내 품에서 떠나라고 속삭인 것이

그 말 씨가 되었을까
감당 못할 후회로 더욱 잊지 못해
가슴 미어진다

5부

갈망 1

생각이 일어날 때마다
근심이 따라온다
생각은 어디에서 오는 것일까

마음의 본질을 드러낼 수 없는 까닭에
스스로 해결하지 못하기에
번뇌로 이어지는 것일까

인생은 허망하여
무엇을 갈망하며 살아가는 존재지만
휘둘리지 말자

비바람 지나고 나면
고요하고 안정되듯이
근본정신을 붙들고 살자

갈망 2

덧없는 형상
쉴 새 없이 변해 가는
흐름에 따라가지 못하니
공허한 것인가

흐름은 멈출 수 없기에
기약 없고 기약 없으니
빈 마음 채우려고 갈망하는 것일까

속절없이 가는 세월 앞에
변화무상을 보며
시간은 위대한 묘약이라 생각되는
하루가 또 저물어 간다

갈망 3

생각이 만념에 끄달려
흘러가는 물길보다
긴 것은
영혼이 따라올
시간도 주지 않고
끊임없는 채찍질
연속된 노동의 삶

언젠가는 모두가
사라질 것임에도
힘든 순간이
영원인 양
놓지 못하고 고착되어
정처 없이 가고 있다

갈망 4

산사의 밤은 적적하고
아무도 끼어들 수 없이
이어져 온 길

구천산 산등성을 의지하고
견디어 온 삶

마음 붙일 곳은 신앙이지만
때로는 믿음도 혼미한 상태

업의 끄달림에서 헤어나지 못해
갈망하다

매 순간을 놓치지 않고
허망했던 마음 다잡으면
지는 것이 이기는 것이다

갈망 5

애타게 바라는 것이
갈망이라면

발목까지 차오르는 갈라진
틈 사이 아픔이랄까

허탈한 마음 형체 없이
사라질 것 같은 골짜기

적막은 자아를 건드리며
주위의 사물을 인식시키며

내 몸속 **뼈**마디까지
근본 원인을 찾으라 하네

바람 1

부드럽고 여린 바람은
편안하여 안주하고 싶다

마냥 끄달려서
어디든 가고 싶다

꿈결처럼 잠깐 기대게 하곤
돌발하여 거세지는 바람

불확실함에 놀라
멍하게 서 있는 앞산밭골

바람 2

바람은 자유롭고
당당해서
어디든 갈 수 있고

끝 간 데 없이
나돌다 돌아와
구천산 중턱에
머물지만

실체가 없는
뚫린 하늘에
흩어져 난무하는 빈자리

민들레 한 송이

구산동 터널 쪽으로
자동차도 사람도
바쁘게 움직이는 도로변

민들레 한 송이
불모지 땅에서
꽃을 피워
봄을 알린다

사람만이 받는 업보를
민들레도 받는 것일까
하필 차도 가에서

무심히 지나치기엔
업력을 떠올리는
봄날이다

업장소멸 기원하며 1

닫힌 공간에서 죽은 듯 미동하지 않던 것이
손길 가면 살아서 펄펄 뛰는 생명

남천강 물에 넣는 순간
하늘에 곤두박질치듯 미치게 날뛰는 자유

어디서도 볼 수 없는 몸짓
모습을 오랫동안 지켜본다

방생은 업장을 닦고
참회의 길로 가는 지름길이지 싶다

업장 소멸 기원하며 2

영남루에서 미끄럼 타면
남천강물이다
밀양시장 좁은 골목 플라스틱 통 속에
갇혀 있던 많은 미꾸라지
잔잔한 물 놀라게 하며
뛰어들어 자유로운 몸이 된 생명

방생한 물 바닥 온도가
강기슭 틈에서 새로운 아가미를
열리게 하여 더 넓은 물길 따라
힘차게 안전한 강으로 찾아가
먹잇감 되지 말고 오래 살아가렴

차를 마시며

케모마일 한 잔
심신 안정시키며
사색의 길로 간다

함께 마시는 벗들로
수다나 가벼운
생각도 좋으나

혼자 무거운 돌덩이
앉혀 놓고
안 그런 척

습성에 젖은
생각 깊이에
벗어나지 못해

부질없는 짓인 줄 알면서도
아무도 모르게
머리는 우주를 달리고 있다

그냥 농원

햇살 돋는 쪽에서
노을 지는 서쪽을 가려면
함안을 지나지 않고는 갈 수 없다

창밖에 보이는 함안은
연분홍 손수건이 흔들리는 듯
언제나 소리 없는 이별이 있다

함안 땅을 밟아 보면
숨은 명승지와
한적함이 스미는 곳

단숨에 정착하여 몸을 기대고 싶은
낯설지 않은
지인의 그냥 농원이 있어

삶이 편할 것 같아
살아 보고 싶은 충동
이 꿈 펼쳐질 날이 올 수 있을까

해반천과 구지봉

해상무역의 가야국이던
해반천을 걸어가면
대성동 고분 중심으로
유적들이 즐비하다
김수로왕
탄생 설화가 깃든 구지봉
일제 강점기에 반토막 낸 것을
근대에 이어 준
허왕후릉과 연결된 맥을
힘차게 손잡고
건국 신화를 노래하고
가야를 지켜준
해반천 줄기는 수천 년
내려온 물길이
오늘도 가만히 흘러가고 있다

하산 길

만장대 해은사에서 내려다보는
김해 도시
공중에 치솟는 느낌으로
까마득 아래쪽을 더듬는 시야
사방이 확 트였다

남쪽바다를 굽어보면
허황옥 왕비가 돌배를 타고 온
바닷길

풍랑을 막아 준 용왕의 신령
윤슬로 빛나는 짠 물결 위로
걸어나올 듯
내 눈을 의심하며
가야국으로 빠져 본 시간

하산 길
성냥곽 같은 빌딩들 꽉 들어찬 도시
여유로움 없는 붐빔을 본다

유월의 비 1

창가에 앉아 흐르는 빗물 바라보면
초록 잎사귀 위로 투명한 눈물처럼
떨어지는 비
장마와 손잡고 물안개 피어오르네

잿빛 하늘 가득한 마음 한구석
먹구름 일고
머릿속은 협곡으로 빠져드는데

빗방울 목젖에 박히는 소리

무엇이 그리 아쉬운지 우울한 하루
깊은 골짜기 숨어들 듯 허한 생각
이 비가 그치고 태양 솟아오르면
마음 먹구름 걷힐 거예요

유월의 비 2

유월 햇살 어디 가고
창밖은 온통 잿빛 물감 뿌려 놓은 듯
떨어지는 빗방울 소리

세상의 전부인 양 습한 기운
풀어 놓는다
빗소리는 슬픈 예시일까

산사에 갇힌 수증기
신체 내부 조직을 통해 자극하는 전달
폐부 깊숙이 스며들지만

먹구름 걷히면 밝은 마음
제 자리 돌아가기에
삶을 살아가게 하는 것일 게다

밀양 8경

1경, 영남루 야경
남천강 물 굽이 도는 영남루 누각
고고한 능파 침류각 날개 달고
풍류객이 즐겨 놀던 강에 뜬 달
아랑낭자 달빛 속에 애달픈 정절
흘러가는 강줄기만 무심하다

2경, 시례 호박소
계곡에서 떨어지는 폭포수로
백옥 같은 화강암이 수십만 년
물에 씻겨 소를 이룬 절구통 모양
사시사철 흐드러지게 넘실거리는
호박소 깊은 물에 용이 살았다

3경, 표충사 사계
표충사 맑은 솔바람 법문 소린가
배롱나무 붉은 꽃은 구름 이루고
심오한 용마루에 푸른 정기는
밀양을 사랑하는 애끓는 정
사명대사 향불 염원 끝이 없어라

4경, 월연정 풍경
월연정은 이태 선생 낙향하여
외롭게 비통함을 추스르며
팔작지붕 장엄하게 한옥을 짓고
맥을 이은 조선 전기 정원으로
월연대와 쌍경당은 도도하다

5경, 위양못 이팝나무
위양못은 신라시대 백성 위한
저수지로 수초 물결 잔잔하고
안동 권씨 완재정과 이팝나무
꽃 이파리 쌀밥처럼 일렁이는
연못가를 꿈속인 양 거닐고 싶다

6경, 만어사 경석
오묘한 만어사 경석 종소리 나고
물고기가 산에 오르는 용왕의 조화
운해는 먼 곳에서 가물거리고
산자락 팔부능선 구름에 놀고
용왕 아들 떠난 자리 물고기 논다

7경, 종남산 진달래

봉수대 나라 안위 횃불 연기로
종남산 정상 아래 물돌이 풍경
꽃잔치 분홍 빛깔 물결치는
진달래 군락지는 봄이 오면
석양 하늘 핏빛으로 물들인다

8경, 재약산 억새

재약산 사자봉 영남 알프스
고산습지 둘레길에 고사리학교
산들늪 꽃물 들인 오색빛깔로
삼남 금강 하늘 아래 수려한 산세
눈부시는 은빛 억새 꽃길이다

밀양 8경

최경화 작사 작곡

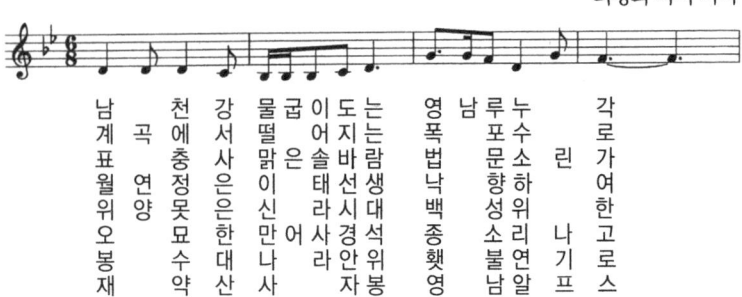
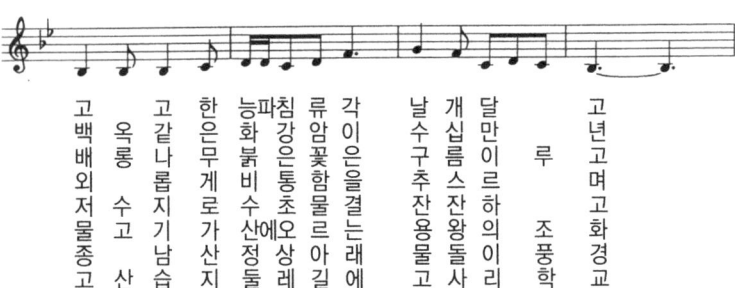
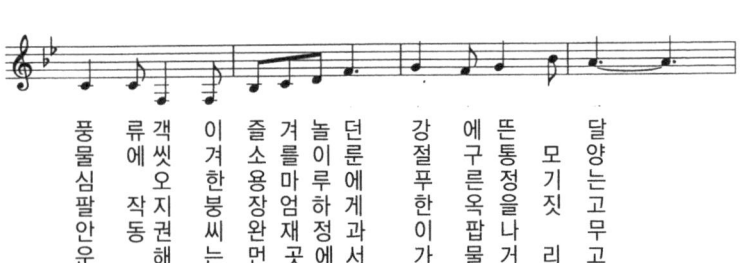

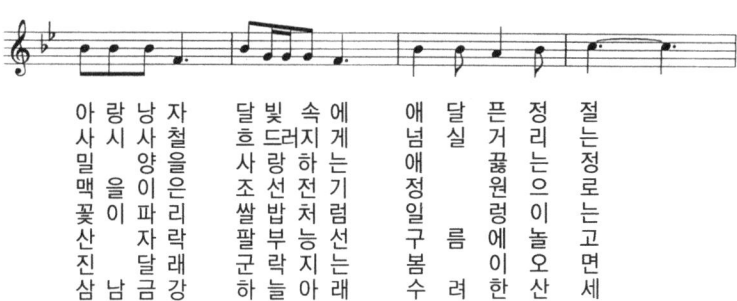

절	는 정 로 는	고 면 세	
정 리 는	으 이 놀 오	산	
픈 거 끓 원 령 에 이	한		
달 실	름	려	
애 넘 애 정 일 구 봄	수		
에 게 는 기 럼 선 는	래		
지 하 전 처 능 지 아			
빛 드 랑 선 밥 부 락	늘		
달 흐 사 조 쌀 팔 군	하		
자 철 을 은 리 락	래		
낭 사 양 이 파 자 달	강		
랑 시 을 이	남	금	
아 밀 맥 꽃 산	진	삼	

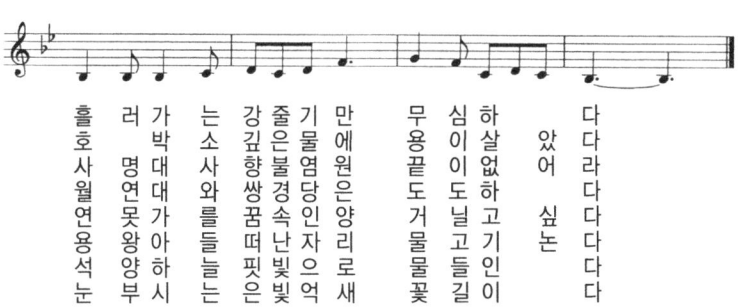

다 라 다 다 다	다		
앉 어	싶	논	
하 살 없 하 고 기 인	이		
심 이 이 도 닐 고 들	길		
무 용 끝 도 거 물 물	꽃		
만 에 원 은 양 리 로	새		
기 물 염 당 인 자 으	억		
줄 은 불 경 속 난 빛	빛		
강 깊 향 쌍 꿈 떠 핏	은		
는 소 사 와 를 들	늘		
가 박 대 대 가 아 하	시		
러 명 연 못 왕 양	부		
흘 호 사 월 연 용 석	눈		

후기

관음사에서 걸어온 길

산중에 새긴 불심의 터

 부드러운 햇살이 푸른 잎사귀 사이로 스며들던 오월이었다. 아득한 세월을 돌아보면, 봄꽃이 흐드러지게 피던 계절 1983년, 관음사의 문을 처음으로 밟은 지 어느덧 41년. 그 세월의 마무리로, 지난해 5월 조계종에 사찰을 기증하고 비로소 편안한 몸이 되었다.
 이 관음사는 1960년 조부님께서 창건하셨다. 1968년 조부님이 운명하신 뒤에는 백부님이 뒤를 이어 관리를 맡았으나, 10년 넘게 절을 하는 둥 마는 둥 제대로 돌보지 못한 채 형식적으로만 지내왔다. 이후 친정어머니께서 절을 맡게 되었지만, 직접 거주하시지는 못하고 스님에게 운영을 맡겼는데 그만 관음사가 스님의 손에 넘어가고 말았다.
 이런 갑작스러운 상황에 놀라 절을 되찾기 위해 법원 등에 여러 차례 상담을 받았지만, 절과 관련된 법은 일반 사회법과는 달라 명확한 절차가 없다는 답변뿐이었다. 절을 되찾으려면 직접 머물러야지 나그네를 두면 되겠냐는 조언을 듣고, 우선 절을 찾기 위해 급하게 입산하게 되었다.

 어머니는 깊은 산골에 어린 외손자와 딸만을 홀로 둘 수 없어, 공양주 할머니와 처사님을 수소문해 함께 지내게 하셨다. 당시에는 나라 형편도 어려웠고, 빈곤층은 의식주 해결조차 쉽지 않아 절에 의탁해 보수 없이 살아가는 이들이 많았기에 함께할 사람을 찾는 것은 그리 어려운 일이 아니었다.

 또한 절밥은 놀고 먹으면 안 된다고 하여 어머니는 친분 있는 스님을 모셔와 얼마동안 아침저녁 예불과 불공, 여러 가지 절법과 의식 교육을 받게 하셨다. 그 덕분에 약 2년 동안은 처사님과 공양주 두 분의 보호 아래 스님 대행을 하면서 절을 돌보며 신도들도 잘 관리할 수 있었고, 점차 생활에도 적응해 갈 수 있었다.

그러나 어느 날, 두 분이 갑작스럽게 절을 떠나게 되었다. 그때부터 생각지도 못한 고통이 따라오는데 도무지 살아갈 자신이 없어 절 밖을 나가려고 몸부림쳐도 나갈 길은 쉽지 않았다.

 처음 절에 기거할 때부터 윗대 중조부로 해서 열네 분 제사를 매달 지냈지만 두 분의 도움에 어깨가 무거운 줄도 모르고 살다가, 산에서 일어나는 모든 문제와 고된 일을 혼자 감당해야 하는 벅찬 고생이 시작되니 하루를 산다는 것이 고통의 연속이었다.

 그렇지만 이대로 절을 떠난다면, 관음사는 되찾지도 못한 채 창건주이신 할아버지의 얼도 사라지고, 조상 제사는 또 어떻게 이어갈지 생각하지 않을 수 없었다. 결국 '우선 관음사를 바로 세워야 한다'는 사명감으로 굳은 결심을 하게 되었다. 몸을 바쳐 절이 어느 정도 자리를 잡게 되면 그때 떠나기로 마음을 먹었다. 나가더라도 반드시 다음 바톤을 이어받을 분을 위해 준비해두기 위해서였다. 왜냐하면, 이런 척박한 환경에서는 어떤 분도 오래 버티지 못하고 떠날 것이 너무나도 뻔했기 때문이다.

 그렇게 이름 모를 다음 사람을 위해 피땀 흘리며 혼신의 노력을 다한 끝에, 마침내 3년 만에 관음사를 되찾았고, 이후 7년에 걸쳐 절 주변에 붙어 있던 땅 511평도 매입할 수 있었다. 이 땅을 사지 않으면 입구부터 남의 땅을 밟고 지나야 했기에 절의 신축은 애초에 꿈도 꿀 수 없는 상황이었다. 그러나 땅이 확보되어 절을 새롭게 짓고자 했을 때, 관음사 건물은 모두 무허가 상태라는 문제가 드러났다.

불도저처럼, 나는 절을 지켰다

 무허가 절을 정식으로 건축하기 위한 서류 절차가 얼마나 까다롭고 힘든 일인지는 직접 겪어보지 않고서는 알기 어렵다. 오랜 세월 험준한 산골에 자리한 무허가 사찰을 새롭게 짓는다는 것은 당시의 건축법과 각종 규제 아래 매우 어려운 일이었다. 특히 무허가 건축물에 대한 규정이 엄격했기 때문에, 필요한 허가를 받기 위해서는 수많은 행정 절차와 여러 단계의 심사를 거쳐야만 했다.

 서류를 준비하는 과정에서 밀양시와의 협의가 필요했는데, 요구하는 서류가 너무 많고 복잡해 정신이 아찔할 정도였다. 그로 인해 6개월이 넘는 기간 동안 염동에서 버스를 타고 삼랑진으로, 다시 기차를 타고 밀양으로, 또 버스를 타고 시청에 들르는 일이 반복되었다. 종일 시달리다 막차를 타고 절에 돌아오면 온몸이 녹초가 되어 기진맥진했다.

 일주일이 멀다 하고 밀양을 오가다 보니 서류는

어느새 한 보따리나 되었고, 몇 달이 지나도록 일은 진척이 없었다. 포기하고 싶은 마음이 수없이 들었고, 스트레스로 몸살까지 앓았다. 정말 모든 걸 내팽개치고 싶을 만큼 지치고 고단한 시간이었다.

 하지만 지금까지 살아온 시간과 땅을 마련하기까지의 여정을 되돌아보면, 수많은 고비도 다 이겨냈는데 도중하차할 수는 없었다. 기도 속에서 다시 용기를 내어, 끝까지 밀양시에 매달린 지 반년이 지난 끝에 마침내 모든 서류가 정리되고 건축 허가를 받을 수 있었다. 누구도 쉽사리 나서기 어려운 일을 끈질긴 노력 끝에 해냈다는 자부심과 함께, 비로소 절을 새롭게 지어야겠다는 용기가 생겼다.

 그러나 제대로 된 진입로조차 없는 산골 마을에서 절을 짓는 일은 쉬운 일이 아니었다. 창고 하나 짓는 것도 쉽지 않은 조건에다가 마을 주민들의 반대의 목소리도 있었다.

그 무렵 어머니와 함께 살고 있지는 않았지만, 절에서 행사가 있을 때마다 오셔서 모든 일을 도와주셨고, 중요한 결정마다 어머니와 의논하며 나아갔다. 벅찬 일이었지만, 그렇게 법당을 허물고 어렵게 새 법당을 완공할 수 있었다. 언제나 큰 힘이 되어주시던 어머니는, 법당 신축 몇 년 후 거짓말같이 저세상으로 떠나셨지만, 남기신 공덕은 관음사 곳곳에 깊이 새겨져 있다.

 어머니가 떠나신 후, 절을 지켜갈 자신이 없어 이곳을 떠나야겠다고 마음먹었을 때, 큰 남동생이 다가와 어머니만큼은 못하겠지만 적극적으로 도울 테니 절을 지켜달라며 붙들었다. 그 말에 다시 주저앉을 수밖에 없었다.

 언제나 열악한 환경을 벗어나, 누구나 머물 수 있는 절도량을 마련하면 그때 인연 따라 절을 맡기고 세속으로 나가리라 마음먹고 있었지만, 불교대학

공부에는 늘 정성을 다해 전념했었다. 1992년, 졸업을 앞두고 불법 교리를 통해 관음사를 지키는 것이 운명임을 깨달았고, 큰동생의 뜻을 자연스럽게 받아들이며 다시 한 번 강한 결심을 하게 되었다. 또한 조상 제사도 책임감으로 의무를 다해야 된다는 사명감을 가지게 되었다.

 필자는 육 남매 중 맏이로, 여동생 한 명과 남동생 네 명이 있다. 여동생은 절에서 열리는 행사마다 음식 준비를 맡아주었고, 가족 모임도 절에서 자주 이루어졌다. 모임 때마다 남동생들은 도량의 일들을 도와주었고, 관음사는 우리 형제들과 아들에게 어머니의 품속처럼 포근하고, 언제나 그리움이 깃든 고향 같은 곳이었다.

 동생들이 곁에 있었기에 또다시 용기를 낼 수 있었고, 힘겨운 날들을 버틸 수 있었다. 그러나 가마솥을 걸어놓은 부엌에서 날마다 나무를 때어 군불로 방을 데우는 일은 불편함의 정도를 넘어 이제 더는 미룰 수 없는 일이 되었다. 결국 요사채를 새로 짓기로 결심했다.

 법당을 지을 때도 지하수와 산물 때문에 애를 먹었는데, 요사채 자리에서는 그보다 더 많은 물이 나왔다. 게다가 접근성이 떨어지는 마을 길은 자재를 옮기기엔 너무 좁아, 모퉁이마다 나무와 철근으로 길을 넓혀 보았지만 얼마 지나지 않아 마을 길이 무너져 버렸다.

 동네 주민들은 길이 끊겨 난리가 났고, 건축업자들도 손을 들며 공사를 포기하겠다고 나섰다. 그들의 어려움과 고충도 이루 말할 수가 없었다. 기초 공사 단계부터 산물이 터져 나와 물길을 돌려야 했고, 예기치 못한 일들이 연이어 발생했다. 공사를 중단하겠다는 말도 어쩔 수 없다는 걸 알지만, 그럴 수는 없기에 얼마나 울고불고 매달려가며 사정을

했는지 모른다.

 천만다행으로 일제강점기 당시 절 앞쪽으로 나 있던 옛 산길이 있었기에, 해방 이후 방치되어 파이고 마모된 그 길을 다시 고쳐 쓰기로 하고 경운기도 못 다니던 길을 복구했다. 무너진 마을 길부터 서둘러 고쳐주고 불도저를 대여받아 뚫린 자리마다 큰 돌을 밀어 넣고 크게 패인 자리는 메꾸고 겨우 자재를 운반할 수 있었다.

 공사는 조금씩 진행됐지만, 산물과의 싸움, 거친 자연환경, 높은 산이라는 조건 속에서 일은 늘 예측을 벗어났다. 지친 건축업자들은 더는 마무리를 못하겠다고 해서 또다시 그들을 설득하고 매달리고 애원해야 했다. 혼자 하는 일은 몸을 아끼지 않는 투철한 정신력과 강한 의지, 그리고 기도만 있으면 가능하지만, 타인을 설득하는 일은 만만치 않았다.

 그렇게 마음을 졸이며 마침내 완공된 절의 모습을

보며, 나는 '어떻게 해냈을까' 싶을 정도로 기쁨과 눈물 속에서 부처님께 깊은 감사를 드렸다. 모든 일에 자신이 생겼고, 조용히 혼자 자축하며 자신을 응원했다.

 한편 염동마을에서는, 남자도 할 수 없는 어려운 일을 해냈다며 나를 영웅처럼 불렀고, 그때 생긴 별명이 '불도저'였다.

 '불도저'라는 별명은, 미니까 나가더라고 하여 붙여진 이름이다. 아무리 어려워도 노력하는 데는 성공이 있다는 걸 의심하지 않았으며 신앙은 언제나 버팀목이 되었고, 신앙이 곧 삶이라는 것도 알게 되어 대단한 힘이라는 걸 믿어 왔다.

이제는 부처님께 돌려드립니다

관음사가 자리한 구천산 절터는 너무 센 터라 한 사람이 살기에는 감당이 되지 않았다. 내가 입산할 당시, 다섯 살배기 아들과 함께였지만, 그 아이는 여전히 아기였기에 더욱 외롭고 두려운 시간이었다. 특히 새벽예불 도량 석에는 목숨을 걸어야 했다. 천수경을 외며 목탁을 두드리며 도량을 한 바퀴 도는 데 약 15분, 입구까지 내려갔다가 다시 올라와야 비로소 법당에 들어설 수 있었다. 빛 하나 없는 칠흑 같은 어둠 속, 대밭이 있는 경계에서 귀신을 만난다면 목탁을 무기로 해서 이길 자신이 있었다. 실제 귀신을 보았지만 반응 없이 얌전했다. 죽을 각오가 준비된 사람 앞에서는 어떤 것도 활개를 펴지 못했다.

당시 절 정면에 위치한 우곡마을에서는 새벽 목탁 소리와 종성을 듣고 하루를 시작하는 사람들이 많았다. 그 덕에 출근하는 사람의 새벽밥을 지어줬

다는 칭찬도 받았고, 소문도 무성했다. 비가 오나 눈이 오나, 예불과 기도는 단 한 번도 거른 적이 없었다.

 그때는 번번이 누기가 차고 어둑할 때쯤이면 염동 당산나무 밑에서 도깨비불이 생겨 눈 깜짝할 사이 절 입구까지 쳐들어왔다. 또한 비가 내리고 안개에 절이 가려지는 밤이면 괴상한 소리가 들려오기도 했다. 누구든 기겁할 상황이었지만, 생명을 건 사람은 초연해질 수밖에 없다. 그렇지만 혼자 오는 신도는 낮에도 무서워서 돌아갈 때까지 내 뒤를 따라다녔다. 그것은 요사채 오른편 구천산 줄기로 뻗어 내린 돌밭, 지금은 대숲에 가려 보이지 않지만, 그곳은 큰 애장터 자리였다. 백부님께서 절을 운영하실 때 영가 위패를 많이 받아 영가 단에는 빈자리가 없었다. 그러나 절이 한동안 비워진 탓에 그들을 위한 제사가 끊겼고, 그들은 배가 고파 허기진 상태였다. 어머니는 매달 지장재일에 관음시식을 해 드리라 하셨고, 그 말씀에 따라 오랜 세월 기도를 올렸다. 그리고 백중날에 회향을 시켜드렸다.

그때, 십 년 동안 누구에게도 말하지 못한 채 두문불출하며 죽음을 무릅쓰고 지내온 시간들, 아무도 모른다. 기도에 매달리고 새벽 도량 석으로 하루도 빠짐없이 절 경내를 지신 밟듯이 목숨 걸고 밟고 나니 도량이 제자리를 찾아가게 되었다. 부처님께서는 일일이 지켜보시고 다 아시니까 가피의 덕과 기도의 공덕으로 관음사도 좋은 기운을 받아 사악하고 나쁜 것은 다 물러가고 모든 것이 안정되어 땅이 확보됨에 한동안 기쁨에 설레기도 했다.

그러나 기쁨은 잠시였다. 땅이 넓어지자 그만큼 일이 배로 늘었다. 몇십 년 전만 해도 여렸던 대나무들이 세월을 지나며 무성해졌고, 절 전체가 대나무 숲으로 뒤덮일 정도가 되었다. 해마다 5월 중순이면 하루가 멀다 하고 대순이 올라와 그것을 잘라 내느라 혼신의 힘을 쏟아야 했다. 그 작업은 7월 초까지 계속되었다. 그냥 두면 절 전체가 대밭으로 변해버릴 지경이었다. 또한, 나무 전지 작업, 잔디 손질, 연못 관리 등 손이 가는 일이 끊이지 않았다. 옛날부터 구천산은 물이 많기로 유명했지만, 세월이 흐르며 염동 마을에도 도시 사람들이 들어오고 집집마다 지하수를 파면서 물이 점점 줄어들었다. 절의 물도 적어졌지만, 다행히 산에서 내려오는 물줄기 덕분에 자연스럽게 연못을 만들 수 있었다.

  도량이 넓다 보니 꽃밭만 아홉 곳에 이르렀고, 텃밭을 가꾼다는 건 감히 엄두도 낼 수 없는 일이었다. 어쩔 수 없이 이웃과 의논해 길가 101평 정도를 텃밭으로 사용하라고 나누어 주었지만, 여전히 620평을 관리하다 보니 기력은 자꾸 떨어지고 더 버틸 자신도 잃어가기 시작했다.

그렇게 지내는 사이 새 길이 나고, 또 20년이라는 세월이 훌쩍 흘렀다. 절은 어느새 누구라도 머무를 수 있는 도량으로 가꾸어졌다. 하지만 그 오랜 세월 몸을 혹사한 탓에 건강이 악화되어 더는 일을 감당할 수 없게 되었다.

관음사를 조계종에 기증하려는 마음은 오래전부터 품고 있었지만, 인연이 닿지 않아 몇 번이나 무산되었다. 그러던 중, 2023년 늦가을 마침내 조계종의 큰스님과 인연이 닿았고, 이듬해인 2024년 5월, 반평생 이상을 살아온 관음사를 헌납하게 되었다. 신기하게도 절에 처음 들어왔던 때도 5월, 떠나는 순간도 5월이었다. 불가사의 인연 법이 작용한 것일까?

오랫동안 남다른 애정과 뼈를 깎는 노력을 기울여 온 관음사를 떠난다는 사실에 마음 한구석이 허탈하기도 했지만, 부처님의 가르침과 자비의 정신이 이

곳에서 계속 이어지고, 수많은 이들이 관음사에서 기도 정진하여 편안한 안식을 얻는다면, 그간의 고생은 모두 값진 보람이 될 것이다.

 가족의 깊은 정과 추억이 깃든 절을 기증한 것에 대해 동생들은 아쉬움도 크겠지만, 내 마음을 알기에 나를 위한 배려로 서운함을 달래고 있는 줄 알고 있다.

 절을 기증한 것은 내 삶의 큰 전환점이자, 앞으로의 인생에서 안정과 쉼을 찾아가는 여정의 시작이기도 하다. 부처님에 대한 믿음은 결코 헛되지 않으며, 영원한 안식처가 되어줄 것이라는 확신 속에 이 글을 마무리한다.

화보

관음사의 역사를 돌아보며

신축 전 법당의 모습

신축 전 법당과 요사채 모습

도로 정비 전 관음사 입구

도로 정비 전 산길

관음사의 역사를 돌아보며

신축 후 최초 모습

신축 후 대웅전 모습

신축 후 요사채와 법당

신축 후 요사채와 법당

빛남시선 **164**

삶의 무늬를 그리다

초판인쇄ㅣ 2025년 8월 10일
초판발행ㅣ 2025년 8월 15일
지 은 이ㅣ 최경화
펴 낸 곳ㅣ 빛남출판사
등록번호ㅣ 제 2013-000008호
주   소ㅣ 부산시 사하구 감천로21번길 54-6
　　　　　T.(051)441-7114　**E-mail.**wmhyun@hanmail.net

ISBN 979-11-94030-19-5(03810)

값 10,000원.

＊이 시집은 2025년 한국예술인복지재단〈예술활동준비금지원사업〉의 지원을 받아 제작하였습니다.

∧∧/ 한국예술인복지재단